Tabla de contenidos

Introducción

La importancia de dejar ir

Soltar es un proceso transformador que nos permite liberarnos de las cargas que llevamos encima, abriendo espacio para la sanación y el crecimiento. En un mundo en el que a menudo nos sentimos presionados a aferrarnos a todo, ya sean relaciones, errores pasados o posesiones materiales, comprender el arte de soltar se vuelve crucial para nuestro bienestar.

Entendiendo el proceso

Dejar ir no es un hecho aislado, sino un viaje continuo. Este libro electrónico tiene como objetivo guiarte en ese viaje, ofreciéndote información y estrategias prácticas para ayudarte a navegar por las complejidades de la liberación.

Capítulo 1: El peso de aferrarse

Cargas emocionales

Aferrarse a experiencias, sentimientos o relaciones negativas puede agobiarnos y afectar nuestra salud mental y emocional. Reconocer el costo que esto conlleva es el primer paso para desprenderse de ellos.

2. El impacto en la salud mental

Los estudios demuestran que las emociones y los traumas no resueltos pueden provocar ansiedad, depresión y otros problemas de salud mental. Comprender el impacto de aferrarse a algo es fundamental para motivar el cambio.

Capítulo 2: Identificar qué dejar ir

Reconociendo las relaciones tóxicas

Evalúa tus relaciones con honestidad. ¿Hay personas en tu vida que te quitan energía o te aportan negatividad? Tal vez sea momento de reevaluar su papel.

Características de una relación tóxica

1. Falta de apoyo: En lugar de sentirse animado y animado, las interacciones a menudo lo hacen sentir menospreciado, inadecuado o saboteado.

2. Infelicidad persistente: La relación está plagada de tensión constante, discusiones o sentimientos de insatisfacción.

3. Ruptura de la comunicación: La comunicación a menudo se transforma en insultos, acusaciones o silencio total, dejando problemas sin resolver y sentimientos sin escuchar.

4. Control y dominio: una pareja puede dictar quién puede ver al otro, qué puede hacer o cómo debe pensar y sentir. Este control es una señal de alerta importante de una dinámica tóxica.

5. *Negligencia y manipulación: Las necesidades emocionales se ignoran constantemente y la manipulación a menudo mantiene a uno de los miembros de la pareja en un estado de conformidad o culpa.*

2. Superar los remordimientos del pasado

Los errores del pasado pueden atormentarnos y evitar que avancemos. Reconoce estos arrepentimientos, pero recuerda que no definen tu futuro.

- *¿Cómo superar los arrepentimientos del pasado?*

- *Enumera las lecciones que has aprendido y luego léelas cuando necesites ese recordatorio.*

- *Reconsidere su "mejor escenario posible"...*
- *Intenta perdonarte a ti mismo.*

- *Prueba algo nuevo para distraerte.*
- *Haz las paces si es necesario.*
- *Escribe tus arrepentimientos (luego verifícalos). ...*
- *Intente llevar un diario de duelo.*

Muchos de nosotros tenemos creencias que limitan nuestro potencial. Cuestiónate esas creencias y reconoce su impacto en tu vida.

3. Liberación de creencias limitantes

Identifica una de tus creencias limitantes. El primer paso para superar tus creencias limitantes es identificar cuáles son. Reconoce que es sólo una creencia.

Desafía tu propia creencia. Reconocer las consecuencias potencialmente dañinas. Adopte una nueva creencia. ... Ponlo en practica.

Capítulo 3: El arte de la aceptación

1. Aceptar el cambio

El cambio es una parte natural de la vida. Aprender a aceptarlo puede ser liberador, permitiéndonos dejar atrás el pasado y aceptar nuevas oportunidades.

*Cómo aceptar el cambio
Observa los patrones en tu
reacción ante el cambio.
Todos tenemos patrones. ...
Reconoce dónde tienes
alguna opción. "Lo que
está en el camino se
convierte en el camino".
Espere y acepte la fuerza
disruptiva del cambio.
Cuando sienta los vientos
del cambio, mantenga los
ojos abiertos.*

2. Practicando la atención plena

La atención plena nos ayuda a permanecer presentes, reduciendo la necesidad de aferrarnos al pasado. Incorpora prácticas de atención plena a tu rutina diaria para fomentar una sensación de paz.

3. Cultivar la autocompasión

Ser amable contigo mismo es fundamental. Reconoce tus sentimientos sin juzgarlos y permítete el espacio para sanar.

Capítulo 4: Estrategias prácticas para dejar ir

1. Llevar un diario de tus pensamientos

Escribir puede ser una herramienta poderosa para la reflexión. Utilice un diario para expresar sus sentimientos e identificar aquello que necesita dejar ir.

Intenta escribir todos los días. Reserva unos minutos cada día para escribir. Hazlo fácil. Ten a mano papel y bolígrafo en todo momento.

Escribe o dibuja lo
que te parezca
adecuado. Tu diario
no necesita seguir
ninguna estructura
determinada.
Utilice su diario
como crea
conveniente.

2. Técnicas de visualización

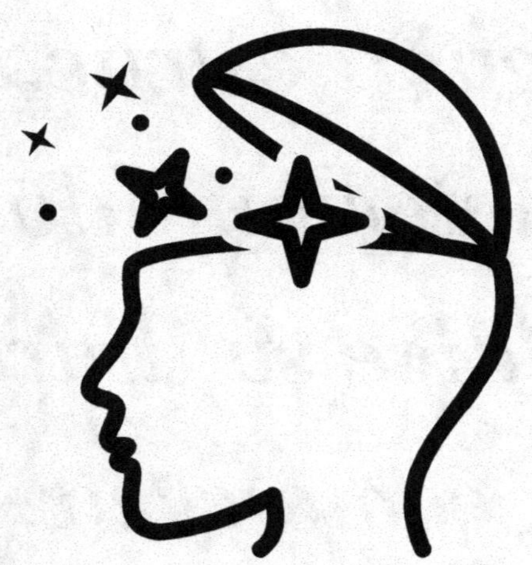

Imagina que te liberas de tus cargas. La visualización puede ayudar a consolidar la intención de soltar y crear una sensación de libertad.

*Visualiza la escena
como desees, ya sea
un hermoso
amanecer o
atardecer, una
playa desierta, un
campo de flores, un
sendero boscoso o
una habitación llena
de gatitos. .*

Piensa en lo que te
relaja y luego
visualízate allí.
Puede ser útil
comenzar el
ejercicio
sentándote
cómodamente en
un lugar tranquilo

3. El poder del perdón

El perdón, ya sea a uno mismo o a los demás, es un paso fundamental en el proceso de dejar ir. Te permite seguir adelante sin el peso del resentimiento.

Cuando perdonamos, tomamos el control de nuestras propias emociones y respuestas en lugar de permitir que las acciones de los demás dicten nuestras vidas.

Nos permite liberarnos de la sensación de víctima y adquirir una sensación de fortaleza emocional. El perdón fomenta el crecimiento personal al promover la empatía, la compasión y la comprensión.

Capítulo 5: Creando espacio para nuevos comienzos

1. Establecer intenciones

Las intenciones son poderosas. Define claramente lo que quieres invitar a tu vida mientras dejas ir aquello que ya no te sirve.

Establecer intenciones es un compromiso contigo mismo que está vinculado a un propósito. Es una oportunidad para recordarte que debes vivir de acuerdo con tus valores, y las intenciones también pueden respaldar tu camino hacia tus metas.

Puedes establecer intenciones diarias, semanales o mensuales, lo que funcione para ti y de la manera que te resulte más cómoda.

2. Establecer límites saludables

*Los límites
protegen tu
energía. Aprende
a decir no y
prioriza tu
bienestar.*

Algunos ejemplos de personas que muestran límites saludables incluyen:
Ser capaz de decir "no" y aceptar cuando alguien más dice "no".

Ser capaz de comunicar claramente tanto los deseos como las necesidades. Honrar y respetar sus propias necesidades y las necesidades de los demás.

Rodéate de influencias positivas: amigos, familiares y comunidades que te animen y apoyen en tu camino.

3. Fomentar un entorno de apoyo

- **Formas de fomentar un ambiente de trabajo positivo**

- **Fomente la comunicación abierta.** Cree un ambiente en el que los miembros del equipo se sientan cómodos expresando sus inquietudes e ideas.
- **Predicar con el ejemplo. ...**
- **Proporcionar expectativas claras.**
- **Fomentar una cultura centrada en el equipo.**

Capítulo 6: El papel de la gratitud

Cambiando el enfoque

La gratitud nos permite centrarnos en lo que tenemos y dejar de centrarnos en lo que nos falta. Este cambio puede facilitarnos el dejar atrás la negatividad.

Prácticas diarias de gratitud

Incorpore prácticas de gratitud a su rutina, como enumerar tres cosas por las que está agradecido cada día.

¿Cuál es la mejor práctica de gratitud?

Encuentra un lugar tranquilo, cierra los ojos y concéntrate en tu respiración. Poco a poco, traslada tu atención a las cosas por las que estás agradecido, sintiendo la calidez que trae cada pensamiento.

Capítulo 7: Avanzando

1. Aceptar tu nuevo yo

A medida que te vas desprendiendo, abraza a la persona en la que te estás convirtiendo. Celebra tu crecimiento y las lecciones aprendidas a lo largo del camino.

Formas de aceptar el cambio y convertirse en alguien más: Recuerde que el cambio es inevitable, normal y necesario. Nombra y reconoce los cambios que estás experimentando.

*Reclama tu esfera de control.
Sepárate de la experiencia. ...
Mantener rutinas y rituales de autocuidado.
Centrarse en la resiliencia. ...
Pedir ayuda.*

El desapego es un proceso continuo. Sigue reflexionando sobre lo que ya no te sirve y mantente abierto a evolucionar.

2. Continuando el viaje de dejar ir

Dejar ir es un camino diferente para cada persona, así como hay varias rutas para llegar a un destino. Se necesita mucho coraje para aceptar y abrazar el cambio, y créanme, cualquiera que diga que no es gran cosa no entiende esto ni un poco. ¿Dejar ir es una tarea fácil? No, no exactamente. ¿Es una tarea imposible? No, no lo es.

Dejar ir es muy posible. Paso a paso, y lo lograrás. Dejar ir hace posible el crecimiento, dejar ir da espacio a nuevos comienzos y, lo más importante, dejar ir te trae paz.

Si todavía te aferras a un recuerdo doloroso, esta es tu señal para tomar la decisión de aceptar el cambio hoy y abrazar la liberación.

Conclusión

Celebra tu crecimiento
Tómate un momento
para reconocer tu
progreso. Cada paso
que has dado hacia el
desapego es un paso
hacia una vida más
libre y plena.

Reflexiones finales sobre la libertad Dejar ir es, en última instancia, una cuestión de libertad: libertad del pasado, libertad para crecer y libertad para abrazar el futuro.

*La curación se logra
con la aceptación.
Aceptar la situación y
el cambio que trae
consigo, abrazar lo
que conlleva el cambio.*